LETTRE INÉDITE

DE

SORBIÈRE A SON ONCLE SAMUEL PETIT

TEXTE, AVEC TRADUCTION ET COMMENTAIRE

PAR

CH. LIOTARD.

(Avec un portrait de Samuel Sorbière).

NIMES

IMPRIMERIE CLAVEL ET CHASTANIER

F. CHASTANIER, SUCCESSEUR

12 — rue Pradier — 12

1889

LETTRE INÉDITE

DE

SORBIÈRE A SON ONCLE SAMUEL PETIT

Comitis in eadem Probitas, Candorque, Fidésque,
Ac Comiti reliquias perspicio Mentis opes.

LETTRE INÉDITE

DE

SORBIÈRE A SON ONCLE SAMUEL PETIT

TEXTE, AVEC TRADUCTION ET COMMENTAIRE

PAR

CH. LIOTARD.

(Avec un portrait de Samuel Sorbière).

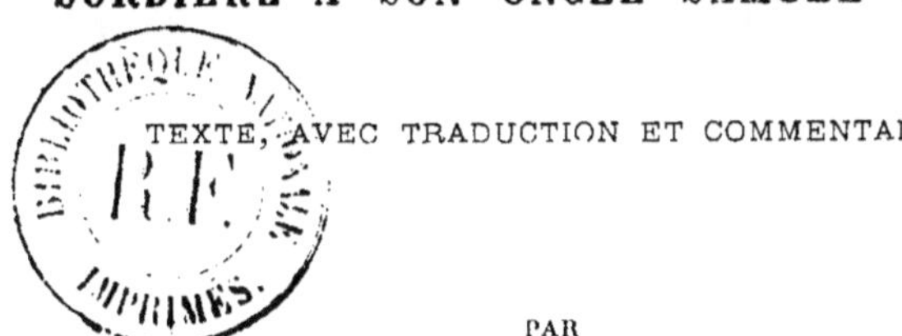

NIMES

IMPRIMERIE CLAVEL ET CHASTANIER

F. CHASTANIER, SUCCESSEUR

12 — rue Pradier — 12

—

1889

LETTRE INÉDITE

SORBIÈRE A SON ONCLE SAMUEL PETIT

TEXTE, TRADUCTION ET COMMENTAIRE

NOTE PRÉLIMINAIRE

On connaît peu généralement, on ne connaît peut-être pas suffisamment notre Sorbière. Où s'adresser pour obtenir de sa valeur une exacte appréciation ? Le biographe local que nous sommes habitués à consulter dès qu'il s'agit d'un compatriote, M. Michel Nicolas, traite un peu sévèrement le lettré de Saint-Ambroix : ne voit-il pas trop en lui un rénégat, et sa position de pasteur protestant n'aurait-elle pas légèrement influé sur son jugement de critique ? Sans vouloir faire un rapprochement (qui serait trop injurieux), entre Sorbière et Jérémie Ferrier, il y aurait bien à un certain point de vue une relation, une analogie entre l'abjuration retentissante de ce dernier, qui gagna, grâce au sacrifice facile de convictions, probablement peu solides, un siège au Présidial de Nimes, et qui faillit pour ce fait être lapidé, et la conversion de Sorbière réfléchie, longuement préparée et amenée par de sérieuses conférences avec l'évèque de Vaison, dont il a noté toutes les phases et les progrès dans son livre intitulé : *Discours. — Sur sa conversion à l'église catholique*

M. Nicolas relève, dans le volume des lettres et discours de Sorbière, plusieurs passages qui le montrent préoccupé de plaire, en se pliant aux opinions de ses alentours en vue de se créer une position, de *faire son chemin*, comme on dirait aujourd'hui : Eh ! Mon Dieu ! Ces palinodies ne sont pas une invention moderne et une exception, et bien des personnages de haut vol n'en ont pas moins joui d'une grande considération, nonobstant des accusations de ce genre. Sorbière n'obtint après tout qu'un maigre et insuffisant bénéfice de Mazarin, et le titre, honorifique, d'historiographe du Roi (1) Ses démarches à Rome n'eurent pas plus de succès (2).

J'aime mieux m'en rapporter à Gui Patin, qui, tout en disant que son ami aurait *retourné sa jacquette*, et semblait porté à croire, suivant cette expression, qu'il y avait bien quelque légèreté dans cette transmutation, ne laisse pas que de traiter Sorbière avec plus de bienveillance ; et cela est d'autant plus honorable pour Sorbière, qui était d'ailleurs son confrère en médecine et son ami, que Gui Patin est un sceptique, un railleur, voire un pamphlétaire, qui ne voit dans le monde que des histrions (3), à commencer ou à finir par ce charlatan et polisson de Mazarin, qu'il appelle *nebulo nebulonum, pantalon à rouge bonnet*.

Gui Patin n'attribue pas, à Sorbière, je le veux bien, un mérite supérieur ; et moi-même, en faisant quelque effort pour le relever dans l'opinion générale, je n'ai pas la prétention d'en faire un personnage considérable, ni un écrivain hors ligne. Sorbière est un érudit, c'est-à-dire un travailleur, un penseur qui a touché à tout sans laisser une création littéraire personnelle. Il n'est pas un de ces écrivains dont on dit avec terreur : *timeo hominem unius libri*, qui, en s'adonnant exclusivement à une étude spé-

---

(1) Ces fonctions étaient à peu près gratuites ; on recevait de temps en temps une ordonnance de gratification — on la touchait quelquefois.

(2) En 1655 et 1667.

(3) Omnis homo agit histrionam.

ciale, ont acquis sur un sujet restreint un savoir sûr, profond et complet; c'est un butineur qui traitera volontiers *de omni re scibili*, sans atteindre néanmoins à la notoriété des grands critiques ses prédécesseurs, ou contemporains, Scaliger, Erasme, Casaubon et les Vossius, Heinsius et Gronovius de Hollande, qui n'ont toutefois, comme lui, travaillé que sur le fonds des autres.

Je conviens, et je le reconnais par moi-même, qu'à battre ainsi les buissons, en disséminant ses études sur une foule de sujets au lieu de les concentrer sur un point unique, l'application de l'intelligence humaine s'expose à perdre en profondeur ce qu'elle gagne en étendue ; mais quel charme aussi, quelles ressources pour la conversation on peut acquérir au moyen de cette espèce de vagabondage de l'esprit (l'abeille ne butine pas sur une seule fleur). Je dis : on peut acquérir et non on acquiert, car tout le monde ne revient pas de ces voyages accidentés avec la même somme de connaissances ;

> Quiconque a beaucoup vu
> *Peut* avoir beaucoup retenu.

Pour en revenir à Sorbière, il me paraît de ceux là qui ont, non pas couru le monde, mais parcouru les œuvres des écrivains ou penseurs pour y puiser matière à controverse , c'est-à-dire amuser son esprit ; ne soyons pas trop sévères pour ce genre de procéder ; nous lui devons les travaux intéressants de Villemain, de Nisard, de Sainte-Beuve, etc., qui n'en sont pas moins des maîtres pour n'avoir fait que retourner un champ déjà labouré.

C'est sur des sujets graves et sévères que Sorbière se livre à ses informations ordinaires : la théologie, la politique , l'économie sociale sont l'objet de ses études de prédilection : il a laissé des traductions estimées des œuvres de Hobbes, de *Cive*, de *Corpore politico* : une des traductions de l'*Utopia* de Thomas Morus lui est attribuée et vaut bien celle de Gueudeville ; un petit volume de lui, *Relation d'un voyage en Angleterre*, a paru sans nom d'auteur et reflète assez bien l'état des mœurs chez nos voisins d'Outre-Manche au milieu du XVIIe siècle. Son *Discours sur sa conversion* témoigne d'une forte étude des textes sacrés ; il fut l'intime ami de Gassendi, dont il a traduit le *Syntagma*, et dont il a écrit la vie. Le *Sorberiana*, dont il avait lui-même préparé les éléments, ne fut publié qu'après sa mort, à Toulouse (1691) par Graverol, précédé de la vie de l'auteur. Ce travail, assez estimé à côté du *Scaligerana* et du *Ducatiana*, a été plusieurs fois réimprimé.

C'est dans la notice de Michel Nicolas qu'il y a lieu de rechercher l'énumération et l'appréciation de ses nombreux écrits : Le jugement peu favorable du biographe pourrait se rapporter plutôt au caractère de l'homme qu'à la valeur de ses œuvres.

Une remarque bonne à emprunter aux biographies de Nicolas, c'est que à l'époque où vivaient Sam. Sorbière et son oncle et parrain, Sam. Petit (1), un esprit général de modération s'était développé parmi les protestants du Midi. « Rulmann et Petit, dit Nicolas, ne cessèrent jamais » de dissuader les protestants de défendre leur cause à » main armée. » C'est ce qui pourrait expliquer les tentatives du cardinal Bagny pour s'attacher Petit, quoique protestant, en qualité de secrétaire ; et, d'autre part, l'accueil bienveillant fait par le Pape Alexandre VII à Sorbière, en sa qualité de neveu de Sam. Petit : « An tu » es ille Samuelis Petiti nepos ? »

Une lettre intéressante et inédite, datée de 1639, tombée récemment entre mes mains, peut nous édifier partiellement sur les mérites divers de Sorbière. La première partie nous donne son sentiment sur un point délicat d'histoire religieuse : la dispute de l'Archange Michel avec Satan, au sujet du corps de Moïse ; la seconde contient des indications bibliographiques et témoigne de la variété des travaux de notre compatriote.

Une remarque saisissante s'impose au début de cette lettre : c'est que Samuel Petit, homme d'une science sûre et profonde, devait avoir reconnu chez son jeune neveu,

---

(1) La mère de Sorbière était la sœur de l'illustre Petit.

âgé de 28 à 29 ans seulement (1), une valeur sérieuse, en lui soumettant la solution d'une question qu'il déclarait lui-même au-dessus de sa compétence.

Cette lettre est écrite en fort bon latin ; Sorbière, dans l'épitre au lecteur, en tête de son recueil de 93 lettres, publié en 1660 (*Lettres et discours sur diverses matières curieuses*), s'exprime ainsi :

« Je me suis plus exercé en la langue latine qu'en la
» langue françoise ; et peut estre aussi que mes pensées
» y ont moins mauvaise grâce : car c'est en ceste langue
» là que j'ay eu plus de commerce avec les sçavans, et
» que j'ay traité beaucoup plus de choses sérieusement
» que je ne fais pas dans ces lettres. »

(1) Nicolas fait erreur en donnant la date 1625 pour la naissance de Sorbière ; à ce compte il n'aurait eu, en 1639, que 14 ans ; Sorbière est né en 1610. — (Fils d'Etienne et de Louise de Petit sœur de Samuel.)

TEXTE LATIN

Viro maximo reverendissimoque
Samueli Petito Samuel Sorberius S. P. D.
(Salutem plurimam dat).

Doctissimas tuas observationes non possum non probare, Vir Reverendissime, atque gratias agere quam maximas quód me dignum putas cui communicentur. Si tamen quod sentio liberè loqui licet, nondum planè sum assecutus in quem finem B. Judas, εχ της πατροπαραδοςεως, attulit hæc de Michaële cum diabolo contendente propter corpus Mosis. Et parùm referre mihi videtur an contentio orta sit vivo adhùc, an verò mortuo jàm Mose : nam cùm in bonos et pios nullam potestatem habeat diabolus, neque eos e medio tollere possit, de cadavere tantùm contendebat. Sciendum autem est quid illi eo opus erat ; sanè in id frustrà sævisset et nullus tamen est alius usus præterque ad idolatriam, ut vult Lyranus. Verum hæc sunt figmenta Judæorum vana et futilia, quæ nec sunt urgenda, nec ad normam veritatis expendenda. De mente tantùm Apostoli nos sollicitos esse decet et fortè ea longè non est remota à Gamalielis sententià, qui sacerdotes suos ad animi moderationem et æquanimitatem hortatur. — Act. v. 38. Ità hìc B. Judas : « sunt qui δοξας βλασφημουσιν. » Sed à nobis, quœso, hoc sit alienum : non sumus nos homunciones comparandi Michaëli Archangelo ; tamen animadvertite (1) quàm moderatè se gessit ergà Sathanam infensissimum hostem generis humani. Hæc est mea istius loci expositio :

(1) Pour *animadverte.*

TRADUCTION

A très illustre et très honorable M. Samuel Petit,
Samuel Sorbière, salut (S. P. dat).

Je ne puis qu'approuver vos très savantes observations,
très vénéré Monsieur, et vous remercier infiniment de
m'avoir jugé digne d'en recevoir communication. S'il
m'était toutefois permis de dire librement mon sentiment,
je n'ai pas encore parfaitement saisi dans quel but Saint
Jude, d'après la tradition reçue des Pères, rapporte ce qu'il
dit de la dispute de l'archange Michel avec le Diable au
sujet du corps de Moïse. Et peu importe, ce me semble, que
cette dispute se soit produite du vivant de Moïse ou bien
après sa mort : car, puisque le Diable est dépourvu de
toute puissance sur les êtres bons et pieux et ne saurait
les enlever de cette terre, il ne disputait que sur un cadavre. Il conviendrait cependant de savoir ce qu'il en vou-
lait faire. Il se serait certes vainement acharné contre lui,
et il ne pouvait en faire qu'un objet d'Idolâtrie, comme
l'affirme Lyran. Mais ce sont là de vaines et futiles fic-
tions des Juifs qu'il n'y a pas lieu d'approfondir, ni d'exa-
miner suivant la règle de la vérité. C'est de la pensée de
l'apôtre qu'il convient seulement de nous préoccuper, et
peut-être n'est-elle pas très éloignée du sentiment de
Gamaliel qui exhorte ses sacrificateurs à la modération
et à l'égalité d'âme. (Act. V, 38.) Ainsi fait Saint Jude en
parlant de ceux qui injurient les dignités. Mais restons, je
vous prie, étrangers à tout cela : nous ne saurions, nous
petites gens, nous comparer à Michel l'archange ; remar-
quez cependant quelle modération il garda à l'égard de

mea inquam, quia nullos prorsùs unquàm vidi commenta-
rios ; et, si eadem mihi semper mens sit, paucos in poste-
rum adibo : precibus enim et vigiliis, hoc est, Dei auxilio,
linguarum cognitione accuratiori, et præsertim ratiocina-
tione possumus, opinor, non modò quæ ab aliis benè
inventa sunt excogitare, sed et aliquandò ulteriùs pro-
gredi. Utor, hæc dum scribo, Vir Reverendissime, liber-
tate concessâ, neque vereor ne me temeritatis et audaciæ
insimules, quasi meo aliquid judicio tribuere velim ;
nolo tamen eâ abuti, sed in aliud tempus sexcenta alia
quæ mihi nunc occurrunt reservabo.

Ostendit mihi Cl. Gronovius (note A). *Elenchum Antidiatribes* quem parat in maledicum καὶ φερωνυμον illum
Cruceium (note B) et qui jam sub prælo versatur. Miratus
sum quî potuit in itinere tam comptè tàm eruditè scribere :
opus enim agressus est ex quo viæ se dedit, perfecitque hìc
tandem libris ferè omnibus destitutus. Is mihi verba fecit
de manuscripto quodam codice librorum Josephi contrà
Appionem, qui extat in Bibliothecâ Alexandri nescio cujus
Petavii (note C), senatoris Parisiensis. Facile esset for-
tassè ejus copiam habere, si tibi necessarius esset per
D. Gauminum aut alios amicos tuos, quibus, si hâc de re
scriberes, literas traderem, et totum illud negotium cura-
rem probè. Cæterùm commendatiis, quas mihi antè hos
decem menses pollicitus eras, ad Cordesium (note D),
Virum doctissimum, opus haberem ; nàm mihi tanti viri
familiaritas esset perquàm necessaria, vel propter bibliothecam instructissimam, cujus usum studiosis libenter
facillimèque præbet. Per Grangæum vestratem mittam
propediem, ut spero et vehementer cupio, alterum
(opus) Salmasii (note E) *de usuris*. Utinam in eo esset
minor φιλονεικία.

Vale, vir Reverendissime et nos ama qui te unum
præter alios colimus. Matertèræ et consobrinis charissimis
salutem plurimam.

Ex vrbe (note F) VII Kal. Decembr. Anni Dionysiani
M. D. C XXXIX.

Sathan le plus ardent ennemi du genre humain. Telle est,
selon moi, l'interprétation de ce passage ; selon moi, dis-
je, car je n'ai jamais vu de commentaires à ce sujet, et,
si ma manière de voir ne change pas, j'y aurai rarement
recours à l'avenir. C'est, en effet, par les prières et par
les veilles, c'est-à-dire par l'aide de Dieu, par une plus
exacte connaissance des langues, et surtout par le raison-
nement, que nous pourrons, je crois, non-seulement
approfondir ce que nos devanciers ont heureusement
découvert, mais quelquefois même aller au-delà.

J'use en vous écrivant, très honorable Monsieur, de la
liberté que vous m'avez accordée, et je ne crains pas que
vous m'accusiez d'une audacieuse témérité pour avoir
voulu me fier à mon propre jugement ; je ne veux pas
pourtant en abuser et je réserve pour un autre moment
une foule d'autres idées qui me viennent actuellement à
l'esprit.

L'illustre Gronovius m'a montré son *Antidiatribe*, réfu-
tation qu'il prépare contre ce maudit La Croix si bien
nommé (1) et qui est déjà sous presse. J'admire comment
il a pu, en voyage, écrire avec tant d'élégance et d'érudi-
tion : il a en effet entrepris cet ouvrage depuis qu'il s'est
mis en route, et l'a achevé ici, à peu près dépourvu de
tous livres. Il m'a également entretenu d'un certain
recueil manuscrit des livres de Joseph contre Appion,
qui se trouve dans la bibliothèque de je ne quel Alexandre
Petau, du Parlement de Paris. Il serait peut-être facile
d'en avoir une copie, si vous le jugiez nécessaire, par
M. Gaumin, ou quelque autre de vos amis, à qui, si vous
vouliez en écrire, je transmettrais votre lettre, et je met-
trais tous mes soins à cette affaire.

J'aurais besoin d'ailleurs de la recommandation que
vous m'avez promise, il y a dix mois, auprès de M. de
Cordes (2), homme très instruit ; car une liaison avec ce
personnage considérable me serait très nécessaire, à cause

(1) Cruceius.
(2) Cordesius.

de sa riche bibliothèque dont il permet le libre et facile usage aux hommes d'étude.

J'espère et je désire vivement vous envoyer sous peu de jours, par M. Grangé, votre compatriote (ou parent) (1) un nouvel ouvrage de Saumaise, de *Usuris* ; il serait à désirer qu'il y eût (dans cette œuvre) un peu moins d'esprit de dispute.

Adieu, mon honorable ami, et aimez celui qui vous estime par dessus tous. — J'envoie tous mes compliments à ma tante et à mes très chères cousines.

De Paris, VII des calendes de décembre (25 novembre) de l'année dionysienne (2) MDCXXXIX.

(1) Vestras, atis (de votre pays ou de votre famille).

(2) D'après le moine Denys le Petit, originaire de Scythie, mort vers 540, qui trouva la période de 532 ans, commençant l'année de l'incarnation et qu'on appelle période dionysienne ; il introduisit l'usage de compter les années après Jésus-Christ.

APPENDICE

COMMENTAIRE ET NOTES

Le corps de Moïse.

Dans la première partie de la lettre susmentionnée, Sorbière examine, un peu sommairement, le point délicat que lui soumettait son oncle, et par suite, son sentiment reste indécis, comme son interprétation insuffisante. Il eût été intéressant de connaître les observations de S. Petit ; malheureusement, Sorbière ne les rappelle pas dans sa réponse ; on voit bien qu'il n'attache qu'une médiocre importance à la question ; aussi après quelques conjectures, il s'empresse d'ajouter qu'au fond il ne voit là qu'une vaine et futile fiction des juifs qui ne mérite pas d'être approfondie.

Comment se représenter d'ailleurs la dispute de l'archange Michel avec le diable au sujet de la possession du cadavre de Moïse, car il ne saurait être question de Moïse vivant ; on n'a jamais pu découvrir la sépulture de Moïse, et l'on peut dire avec certitude qu'on ne la découvrira jamais. L'a-t-on même essayé ?

Les enfants d'Israël étaient prêts à passer le Jourdain pour prendre possession du pays de Canaan, lorsque Moïse montant sur le mont Nébo, l'Eternel lui fit voir tout le pays depuis Galaad jusqu'à Dan, en lui disant : « C'est
» ici le pays dont j'ai juré à Abraham, à Isaac et à Jacob,
» disant : Je le donnerai à ta postérité ; je te l'ai fait voir
» de tes yeux, mais tu n'y entreras point. Ainsi Moïse,
» serviteur de l'Eternel, mourut là au pays de Moab,
» selon ce que l'Eternel avait dit ; et l'Eternel l'ensevelit
» dans la vallée au pays de Moab, vis à vis de Beth-
» Péhor, et personne n'a connu son sépulcre jusqu'à
» aujourd'hui. » (Deuter. — 34 — 1 à 6).

On a dit, et Sorbière le répète, que le secret gardé sur
ce point, s'explique par la crainte que le corps de Moïse
ne devînt un instrument d'idolâtrie ; mais ce n'est là
qu'une supposition ; et d'ailleurs, l'idolâtrie n'était pas
nécessairement conjurée par l'absence du corps de Moïse ;
sa mémoire suffisait à la provoquer. Quarante ans aupara-
vant, Moïse étant resté invisible pendant quarante jours
et quarante nuits, les Israélites vivement émus de son
absence, avaient fabriqué le veau d'or, pour être leur
dieu. (Exode : 24-18, 32).

Mais si cette partie de l'interprétation de Sorbière
laisse à désirer — et, pourrait-il en être autrement — la
question traitée présente un côté très sérieux et très intéressant parce qu'elle concerne surtout une ligne de conduite aussi grave que méconnue de l'ordre social, à savoir :
la soumission aux puissances supérieures, aux autorités
constituées et le respect envers elles et envers les dignités.

Que dit en effet Saint Jude, en adressant son épître à
des chrétiens qu'il veut exhorter à combattre pour la foi,
parce qu'ils étaient exposés à des influences dangereuses :
— « Il s'est glissé parmi vous certaines personnes dont la
» condamnation est écrite depuis longtemps, gens sans
» pitié, qui changent la grâce de notre Dieu en dissolution,
» et qui renoncent à Dieu le seul dominateur et à Jésus-
» Christ, notre Seigneur. ..... Endormis, d'une part,
» ils souillent leur corps, de l'autre, ils méprisent toute
» puissance et parlent mal de ceux qui sont élevés en
» dignité. Pourtant, Michel l'archange, lorsqu'il contestait
» avec le diable touchant le corps de Moïse, n'osa pas
» proposer contre lui une sentence de malédiction, mais
» il dit seulement : Que le seigneur te reprenne ! (1) Tan-
» dis que ceux-ci parlent mal de ce qu'ils ne connaissent
» pas et ils se corrompent dans tout ce qu'ils savent.......
» Ce sont des murmurateurs toujours mécontents de leur

(1) *Imperet tibi Dominus*, c'est-à-dire le Seigneur ayant seul autorité
sur toi.

» sort, qui marchent dans leurs convoitises, la bouche
» remplie de paroles orgueilleuses, etc. » (Jude, 1 à 25).

En même temps, l'apôtre rappelle les châtiments dont
Dieu a frappé les rebelles, notamment les anges qui n'ont
pas été fidèles à leur origine, et, pour mieux stimuler le
zèle des chrétiens, il leur cite l'illustre exemple d'obéis-
sance donné par un ange fort élevé dans la hiérarchie,
exemple d'une autorité d'autant plus grande qu'il aurait
pu sembler que l'archange Michel ne devait être tenu
à aucune considération envers Satan, le prince et le chef
des anges déchus ; mais au contraire, les anges, sans
distinction, étant des puissances, l'archange Michel devait
obéir à la loi supérieure qui les protège, comme toutes
les dignités.

Partout l'écriture fait sentir l'importance de cette règle
de conduite.

« Soyez donc soumis à tout ordre humain pour l'amour
» du Seigneur, soit au Roi, comme à celui qui est au-
» dessus des autres, soit au gouverneur comme à ceux
» qui sont envoyés de sa part...... » (I. Pierre, 2-13-14).

Pierre ajoute : « Le Seigneur saura délivrer de l'épreuve
» ceux qui l'honorent et réserver les injustes pour être
» punis au jour du jugement, et principalement ceux qui
» suivent la chair dans des convoitises impures, qui
» méprisent les puissances (1), qui sont audacieux et ne
» craignent pas de parler mal des dignités...... (2 Pierre,
2. — 9 à 11).

Saint Paul dit dans le même sens :

« Que toute personne soit soumise aux puissances supé-
» rieures, car il n'y a point de puissance qui ne vienne de
» Dieu...... (Rom. 13 — 1 à 7).

» Je recommande avant toutes choses qu'on fasse des
» requêtes, des supplications et des actions de grâces,

______

(1) Ceci correspond aux mots : δοξας βλασφημουσιν de Saint Jude,
que j'avais cru pouvoir traduire au premier abord ; qui *méprisent les
dogmes*. δοξη signifie également *opinion*, croyance, connaissance ou
gloire, dignité.

» pour tous les hommes, pour les Rois, pour ceux qui
» sont constitués en dignité, afin que nous menions une
» vie tranquille en toute piété et en toute honnêteté. »
(I. Thim. 2. — 1 à 4).

Envisagé à ce point de vue de la déférence envers les
autorités constituées, l'épître de Saint-Jude eût été
mieux comprise par Sorbière. La dispute de l'archange
Michel avec le Diable pour la possession du corps de
Moïse ne devient qu'un accident, un fait accessoire, qui
sert d'appui à l'apôtre pour affermir les croyants dans le
respect de l'autorité.

Sorbière, en faisant appel au sentiment qui animait
Gamaliel, quand il exhortait ses sacrificateurs à la modération et à l'égalité d'âme, paraît assimiler deux situa-
tions qui n'ont aucune ressemblance.

Toutefois c'est aussi un sentiment louable, et dont il y
a lieu de lui tenir compte.

Obligé de confesser mon incompétence, j'ai dû recourir,
pour la rédaction de cette note, déjà fort longue. aux pro-
fondes connaissances en théologie d'un de nos confrères,
M. le président Dautheville. Je n'ai fait que résumer et
condenser le travail considérable auquel il s'est livré pour
répondre à mon désir.

Je me sens plus à l'aise en abordant l'examen des docu-
ments et observations qui composent la seconde partie de
la lettre et qui appartiennent exclusivement à l'histoire
littéraire.

Cl. (*Clarus*) Gronovius — (A).

Est Jean-Frédéric Gronovius, le scholiaste, commenta-
teur de Tite-Live, Tacite, Sénèque, Pline, Salluste......
Né à Hambourg 1611, mort en 1671.

Cruceius — antidiatribes. — (B).

Cruceius indique Emeri de la Croix qui avait vivement
critiqué l'ouvrage de Gronovius (J.-Frédéric), intitulé
Diatriba in Statii poetæ Silvas, La Haye, 1637, et auquel
Gronovius répondit par ce nouveau traité : *Elenchus*

(Index, Table) *antidiatribes Mercurii fraudatoris ad Statii Silvas* : Paris, 1640. Sorbière, pour qualifier La Croix se sert des termes *maledicus* et φερωνυμος. Ce dernier signifie : qualification qui rend très exactement le caractère de l'individu en bien ou en mal. Il y a ici une espèce de jeu de mots. La Croix, en latin Cruceius, c'est-à-dire digne de la croix, d'être crucifié ; les latins en forme de malédiction disaient : *Abi in malam crucem*, équivalent à va te faire pendre.

Alexander Petavius. — (C).

Alexandre Petau (fils de Paul), comme son père, conseiller au parlement de Paris (*senatoris parisiensis*). On trouve des détails sur les collections de ces deux savants dans le *Dictionnaire des amateurs français*, par M. Edmond Bonnaffé. Paris, Quantin, 1884.

Cordesius. — (D).

Qui possède *Bibliothecam instructissimam* est évidemment Jean de Cordes, chanoine de Limoges, né dans cette ville en 1570, mort en 1642, dont la riche bibliothèque fut achetée à sa mort, 22.000 livres, par Mazarin ; elle se trouve répartie aujourd'hui, je ne sais en quelle proportion, dans celle que le cardinal a fondée, avec le concours du savant bibliographe Gabriel Naudé, et qui est devenue, après bien des tribulations, la Bibliothèque Mazarine.

Le catalogue de la bibliothèque de Jean de Cordes, qui fut le noyau de ce remarquable dépôt, a été imprimé sous le titre de *Bibliothecæ Cordesianæ catalogus* (*Parisiis*, Ant. Vitray, 1643) et se vendait chez Laurent Saunier, rue Jacob, au *Soleil d'or*. Il est précédé d'un éloge du défunt par Gabriel Naudé. En tête est le portrait du chanoine, gravé par Daret, d'après le portrait peint par Dumoustier. — J'ai eu la bonne chance d'en rencontrer un exemplaire pendant une vie de trente ans de collectionneur. Cet exemplaire provient de la bibliothèque de Saint-Germain-des-Prés. Il porte l'ex dono de D. Mané, neveu de J. de Cordes.

Contrairement aux habitudes ou règles modernes, les ouvrages y sont distribués par séries de formats, in folio, in-4°, in-8° ; de sorte que les mêmes matières, au lieu d'être agglomérées méthodiquement en une seule série, sont divisées en autant de fractions qu'il y a de formats.

Salmasii. — De usuris. — (E).

Traité de Saumaise sur l'usure, publié sous ce titre : *De usuris liber, Cl. Salmasio auctore* ; *Lugd. Batav. ex-officinâ Elzeviriorum*, 1638, petit in-8°. Cet ouvrage curieux et savant a pour but de justifier la légitimité du prêt à intérêt. Sorbière regrette de trouver dans ce livre trop de φιλονεικια (1), que j'ai traduit par *esprit de dispute*, en empruntant cette expression à Bossuet : *Exposition de la doctrine de l'Eglise catholique*.

Ex Urbe. — (F).

Ma première pensée, avait été que cette indication placée avant la date 1639 désignait Rome, *La ville par excellence*. Je me suis assuré que les voyages de Sorbière à Rome, sous les pontificats d'Alexandre VII et de Clément IX, ont eu lieu en 1655 et en 1667. *Ex Urbe* doit donc signifier : de Paris. Il était, en effet, à Paris en 1639.

(1) Amour des querelles, disputes ; de φιλεω et νεικος.

EDICT DV ROY,

Portant création de Huict Offices de
Conseillers en sa Cour de Parlement
de Bretagne: Deux Conseillers en ladite Cour, & Presidens aux Requestes
du Palais à Rennes: Et quatre Conseil-
les audit Parlement, & Commissaires
aux Requestes du Palais: Auec confir-
mation de la iurisdiction des Aydes
attribuée audit Parlement, & cognoif-
fance des procez & differens de ceux
de la Religion pretenduë reformée de
ladite Prouince , qui seront iugez à
l'aduenir en la Chambre de la Tour-
nelle dudit parlement, qui pour ce sera
dicte, Chambre de l'Edict, & Tour-
nelle.

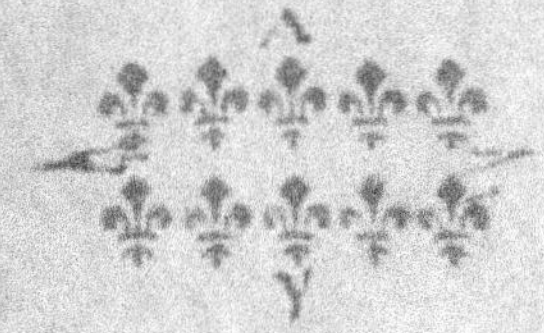

M. VI. C. XXVII.